Publications des "TEMPS NOUVEAUX" — N° 28

. NETTLAU

LA RESPONSABILITÉ ET LA SOLIDARITÉ
DANS LA LUTTE OUVRIÈRE

Prix : 0,10

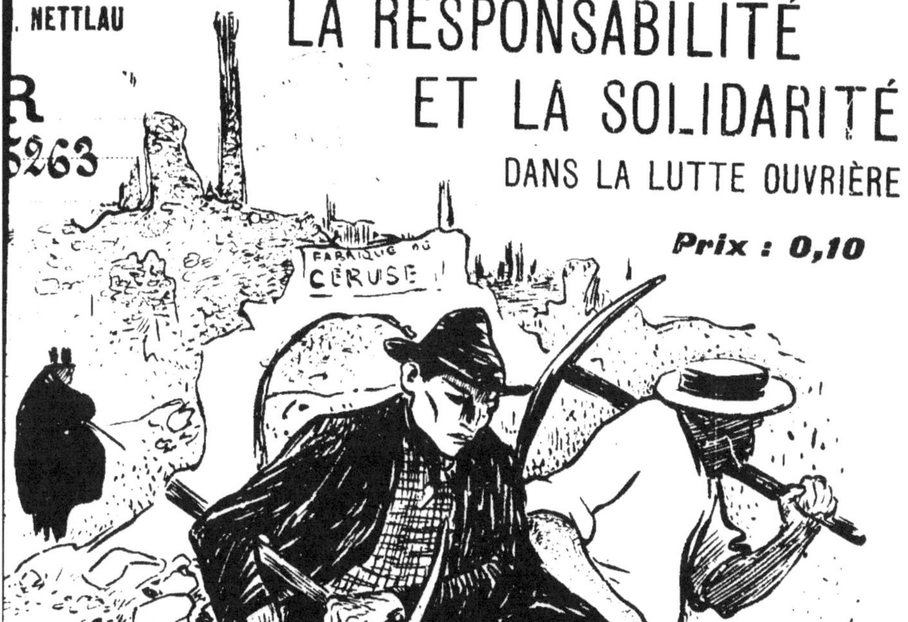

Aux Bureaux des TEMPS NOUVEAUX, 4, rue Broca, Paris (V^e^)
— 1911 —

Groupe de Propagande par la Brochure

La propagande par la Brochure est une des meilleures propagandes si on peut la faire avec suite.

Le Révolté, *La Révolte*, *Les Temps Nouveaux* s'y sont employés de leur mieux. A l'heure actuelle, plus de 60 brochures diverses, dont les différents tirages réunis, dépassent un milion d'exemplaires, ont été lancées par eux.

Malheureusement, les fonds manquent pour pouvoir en imprimer plus souvent de nouvelles, ou réimprimer, lorsque c'est necessaire, celles qui sont épuisées.

Il s'agit donc de trouver **500** souscripteurs s'engageant à verser chacun **12** fr. par an. Nous serions alors en mesure d'imprimer chaque mois — ou de réimprimer parmi celles épuisées — une nouvelle brochure de **0** fr. **10** ou deux de **0** fr. **05**.

Par contre, voici les avantages que nous offrons aux souscripteurs :

1º A chaque tirage, il leur sera expédié **15** exemplaires si c'est une brochure à **0** fr. **10** ; **30** exemplaires, si c'est une à **0** fr. **05**. C'est-à-dire, le montant de leur souscription calculé avec une remise de   o/o, frais d'envoi déduits.

Ce qui leur permettra de s'employer à la propagande, en faisant circuler les brochures parmi ceux qu'il connaissent, et en les distribuant eux-mêmes, soit par la poste lorsqu'ils ne voudront pas faire savoir qu'ils s'intéressent à la propagande.

2º A chaque souscripteur, qui sera libéré de sa souscription, il sera envoyé une lithographie spécialement tirée pour les souscripteurs.

Cette lithographie, qui sera demandée à l'un des artistes qui ont déjà donné au journal, ne sera pas mise en vente et vaudra à elle seule, largement, le prix de souscription.

3º A ceux qui souscriront **15** fr. par an, il sera expédié un nombre de brochures dont le montant égalera celui de la souscription, calculé, toujours avec une remise de 40 o/o, plus une eau-forte qui, elle aussi, sera tirée spécialement pour eux, et non mise dans le commerce.

Ceux qui savent le prix d'une eau-forte artistique apprécieront le cadeau que nous leur offrons.

4º A ceux qui souscriront au-dessus de **15** fr. il sera fait cadeau de la lithographie et de l'eau-forte.

Au camarade qui nous trouvera **10** souscripteurs, Il sera fait cadeau de la lithographie. — Celui qui en trouvera **20** recevra l'eau-forte.

Les souscriptions peuvent être versées par fractions mensuelles ou trimestrielles, etc., au gré des souscripteurs.

A ceux qui s'engageront mensuellement et qui ne se libéreraient pas de leur promesse, il sera, à la fin du trimestre, adressé un remboursement pour les 3 mois.

Adresser les souscriptions au camarade Ch. BENOIT, 3, rue Bérite, PARIS.

N.-B. — En discutant avec des camarades, il est facile de leur glisser une brochure, et de leur arracher deux sous. Les souscripteurs pourront ainsi récupérer le montant de leur souscription, et augmenter leur propagande.

Brochures à l'étude : *La Lutte contre la tuberculose* de Pierrot. — *L'Hygiène des nourrissons.* — *Les aliments* de Michel Petit. — *L'anarchie dans l'évolution socialiste.* — *La loi et l'autorité* de Kropotkine. — *L'Entente pour l'Action*, de J. Grave.

LA RESPONSABILITÉ ET LA SOLIDARITÉ

DANS LA LUTTE OUVRIÈRE
Leurs limites actuelles et leur extension possible.

Rapport lu le 5 décembre 1899, devant le *Freedom Discussion Group* de Londres.)

Les remarques suivantes, basées sur un article que j'ai publié dans le numéro de *Freedom* paru en novembre 1897, ne doivent pas être comprises comme un désir de remplacer la propagande anarchiste directe par un moyen indirect ; elles se bornent à soulever une question générale qui, autant que je puis le savoir et que je l'ai entendu dire, a été négligée jusqu'ici : la possibilité de quelque forme ou combinaison nouvelle dans la lutte ouvrière; et j'appelle la critique des anarchistes qui, sauf la possibilité générale, a à examiner si les moyens suggérés tendent ou non vers la liberté, par conséquent si, oui ou non, ils méritent l'appui des anarchistes.

Le progrès dans le mouvement ouvrier me semble après tout désespérément lent. Les idées qui nous semblent si claires, si évidentes et si acceptables d'elles-mêmes, rencontrent souvent un tel amas de préjugés et d'ignorance qu'il est permis de douter que les grandes masses les acceptent jamais consciencieusement et sérieusement, à moins de les voir produire de réels changements, ou tout au moins d'en recevoir, sur une vaste échelle, des leçons de choses. Et même où de telles leçons de choses existent déjà jusqu'à un certain point, quand

la solidarité économique des travailleurs est démon-
trée non par la propagande des idées libertaires,
mais par des avantages matériels directs, quelque
petits soient-ils — comme dans le cas du trade-
unionisme et de la coopération — le gros de la
masse n'arrive pas, à proprement parler, à en prendre conscience en dépit d'un siècle de propagande
et d'agitation.

Que le pessimisme de cette manière de voir soit
ou non justifié, l'utilité de trouver, s'il est possible,
des moyens nouveaux de fortifier la situation du
travailleur ne sera pas contestée, et quelques moyens
d'action, soit permanents, soit transitoires, ont été
suggérés et même tentés durant ces dernières
années : tels sont la *grève générale*, la *grève mili-
taire*, la *grève internationale des mineurs*, la marche
des ouvriers sans travail ou en grève sur la capitale
(comme en Amérique et dernièrement en France),
le *sabottage* (le travail lent et défectueux, le « go
canny », préconisé en France), etc. Des efforts sont
aussi faits pour utiliser les organisations ouvrières
de production ou de consommation en vue d'une
action économique directe, par exemple une combinaison du trade-unionisme et de la coopération,
colonies coopératives, bourses du travail (suivant
l'expression américaine relative à l'échange direct
des fruits du travail), etc. Voilà pourquoi je me
hasarde à suggérer encore quelques autres moyens
d'action. L'attitude des anarchistes à leur égard ne
peut être différente de celle qu'ils tiennent à l'égard
des autres moyens que je viens de citer, c'est-à-dire
une aide pratique quand il est possible, mais sans
aucunement s'écarter de la propagande de notre
conception sociale tout entière d'hommes libres dans
une société libre.

Ce qu'il faudrait, outre la propagande intellec-
tuelle directe des idées anarchistes et l'action réellement révolutionnaire qui est indépendante de
toute discussion préliminaire, paraît être que les
grandes et grandissantes masses du peuple soient
amenées à comprendre et à embrasser le principe de

dignité et de la *liberté humaines* ainsi que celui
e la *solidarité*, et à s'efforcer de vivre suivant ces
principes. Il est, de plus, nécessaire que la con-
nexion inséparable qui unit ces deux principes soit
reconnue ; car le premier principe seul, superficiel-
lement interprété, peut conduire à l'action personnelle de l'individu pour soi-même, sans souci de son
avancement par-dessus la tête de ses camarades,
tandis que la solidarité sans la dignité et la liberté
personnelles n'est autre que celle que nous voyons
appliquée aujourd'hui autour de nous et qui nous
blesse à tout instant — la solidarité de la majorité
compacte avec les pires laideurs du système présent : concurrence, patriotisme, religion, partis po-
litiques, etc. C'est pourquoi une pleine et consciente
combinaison des sentiments de liberté avec ceux de
solidarité est nécessaire, et ceux qui auront pro-
gressé jusque-là, seront plus portés à accepter nos
idées, ou plutôt seront plus aptes à les comprendre
que certaines couches de la population présente.
Aussi pensé-je ne pas me tromper en fixant un tel
criterium, une telle pierre de touche des moyens
d'action possibles ; et les moyens d'action qui ne
s'élèvent pas jusqu'à ce niveau, devront être amé-
liorés.

Avant d'entrer en matière, il me faut faire connaître mes opinions sur deux points relativement
auxquels, je crois, je suis un hérétique, m'écartant
des croyances économiques courantes et, en certain
cas, des arguments usités dans l'agitation. Mes con-
clusions ultérieures seront basées sur ces deux
points préliminaires.

L'un d'eux a trait à ce que l'on appelle *le public ;*
ce facteur, à mon avis, n'est pas assez pris en con-
sidération dans les luttes ouvrières. Les travailleurs
d'une industrie sont organisés et luttent durement
pour l'amélioration de leur situation économique ;
les employeurs agissent de même et peuvent être
forcés, soit par des grèves couronnées de succès,
soit par la puissance d'un fort syndicat, de faire des
concessions au travail. Mais les consommateurs des

produits de cette industrie, eux, ne sont pas organisés du tout et ne font rien pour la sauvegarde
efficace de leur intérêt, et pour la réduction de leur
dépense au taux le plus bas possible; d'où il est
très naturel que les capitalistes cherchent et réus-
sissent à récupérer presque intégralement le prix de
leurs concessions au travail sur le public payant.
Le travail, autant que je sache, ne prend aucun intérêt à cette dernière conséquence de la lutte. Aussi
les prix montent ou la qualité des produits devient
inférieure, et le public paie les frais des concessions
arrachées au capital par le travail, comme doit né-
cessairement le faire le parti le plus faible.

Mais, qui est le public? Tous les consommateurs,
naturellement. Mais pour l'instant, je puis les divi-
ser en deux catégories : ceux qui jouissent de larges
revenus et que les fluctuations des prix n'affectent
pas sérieusement (on peut ici les mettre hors de
question), et la masse immense dont les revenus
sont ou moindres ou petits, à qui la plus légère alté-
ration dans les prix occasionne de la gêne ou un
véritable préjudice, des privations, et enfin la ruine.
Un nombre considérable de ces derniers supportent
volontiers cette nouvelle charge, conséquence du
succès de la grève de leurs camarades de travail,
soit en tant que socialistes et ana_ _histes convain-
cus, soit grâce à l'instinctif sentiment de solidarité
et d'amour pour une belle cause qui fait d'eux la
base de nos espoirs dans un avenir plus large;
mais je sens que je m'illusionnerais moi-même si
_e fermais les yeux sur ce fait que la grande masse,
qui n'est pas touchée par les idées de progrès et par
les nobles sentiments (si elle l'était, comment pour-
rait-elle supporter le système actuel?), ne sent point
sa sympathie s'accroître pour le travail organisé
dans de tels cas, et demeure veule, indifférente,
sinon prévenue et hostile, comme auparavant.

J'imagine, par exemple, que si pendant une grève
de mineurs, le mari, un travailleur, sympathise
avec les grévistes et souscrit volontiers à leur fonds
de grève pour quelques sous, la femme — qui a à

résoudre le double problème de joindre les deux bouts comme auparavant avec le même salaire et avec un charbon à un prix de famine — se gardera de partager sa sympathie dans bien des cas, et ne manquera pas de faire valoir auprès de lui la question domestique, et ainsi leurs sentiments se neutraliseront mutuellement.

Des grèves de cette sorte, alors, laissent les choses dans le même état au point de vue économique et moral, même en cas de grève victorieuse. Car la charge des concessions économiques est, par les capitalistes, reportée sur le dos du public payant; la masse des travailleurs en souffrent d'autant plus que leur pauvreté est plus grande; et l'élévation morale et l'enthousiasme des grévistes et de ceux qui sympathisent avec eux sont contre-balancés par la dépression et l'hostilité muette du reste de la masse — qui en réalité paie la note.

Aussi serait-il utile de trouver des moyens par lesquels *le public (la masse des travailleurs) pourrait être intéressé d'une manière matérielle et non pas seulement sentimentale, aussi bien que les grévistes eux-mêmes.* Une fois intéressés sérieusement, leur aide pourrait être énorme : car, outre la sympathie et les souscriptions, ils peuvent manier facilement cette arme puissante entre toutes : *le boycottage.*

Voilà le premier de mes deux points préliminaires.

Ma seconde hérésie concerne *la responsabilité des travailleurs relativement à l'ouvrage qu'ils font.* Cette responsabilité n'est nullement reconnue jusqu'à présent. C'est l'habitude de considérer un homme comme un honnête travailleur s'il travaille pour un salaire — *sans jamais faire attention à son genre de travail.* Y a-t-il telle occupation qui, d'une manière effective, soit évitée ou exécrée? Il est difficile de rendre honteux celui qui s'y livre, quelque vile ou infâme soit-elle. Si l'on met de côté l'exemple écœurant des demandes pour le poste de bourreau, — ne lisons-nous pas quelquefois que des personnes de toute profession se présentent parmi les tra-

vailleurs ou dans la classe moyenne, — n'est-ce pas
pour certains le *summum* de l'ambition que d'être
sergent de ville, et des policiers aussi bien que des
soldats ne sont-ils pas nourris en grande partie par
de sottes femmes du peuple, bonnes ou cuisinières?
Les soldats qui, en Angleterre, s'enrôlent volon-
tairement, savent que leur occupation habituelle ne
consistera pas à défendre « leur patrie » que personne n'attaque ; mais de réprimer l'une après l'autre les révoltes de pauvres indigènes mal armés et
de les réprimer aussi impitoyablement que possible, de manière à écraser chaque révolte dès le
début pour en éviter l'extension. De jeunes gar-
çons, donc, n'ont pas honte de s'engager pour ce
travail de police et de bourreau, et la masse du
peuple n'a pas honte non plus de fraterniser avec
les soldats. De même, il n'y a jamais pénurie de
courtiers, de collecteurs de rente et d'impôt,
d'agents de propriété avec leurs *crowbarmen* en
Irlande, etc. La soi-disant opinion publique, qui
fait tant profession d'humanité et de civilisation,
ne semble pas s'apercevoir de ces ennemis de l'in-
térieur, et, si elle s'en occupe, c'est pour les excuser,
car *ce n'est pas leur faute.*

Je vais plus loin et je dis : tandis que cette écume
de l'humanité jouit de bien peu de popularité après
tout parmi la majorité du peuple, *des industries et des
professions atroces* sont exercées par un plus grand
nombre d'hommes, et personne ne semble y trouver
à redire. Je veux parler de la grande masse des travailleurs manuels qui produisent des *habitations* de
qualité inférieure, des *vêtements* de *qualité inférieure*,
de la *nourriture* de *qualité inférieure*, et ainsi de
suite, qui dégradent la vie, abrutissent l'esprit et
ruinent les corps de leurs propres camarades de
travail. Qui a construit les taudis et — ce qui est
pire — qui les maintient dans un état permettant
leur exploitation continue en leur faisant subir des
replâtrages réitérés et de feintes réparations? Qui
est-ce qui produit les vêtements qui tombent en loques
la première fois qu'on les porte, les aliments et

les boissons abominables que seuls les pauvres
achètent ? Qui est-ce qui, enfin, les passe frauduleu-
sement au public, aux pauvres — quand d'autres
leur ont donné un aspect brillant, si toutefois on
s'est donné cette peine — en arrivant à le persuader
à l'aide de feintes et de mensonges? Tout cela est
fait (quoique inspiré, sans doute, par les capitalistes, qui sont les seuls à en profiter) par d'im-
portantes branches du travail, respectées et bien
organisées : l'industrie du bâtiment, l'industrie
textile et les employés de commerce. Cela me cho-
que et me révolte, et, à mon avis, il n'y a aucune
excuse à ces agissements, qu'on ne se donne même
pas la peine de constater, encore moins de com-
battre.

Au fond, on trouve toujours la vieille et égoïste
excuse : « Je dois le faire; je ne puis m'occuper de
choisir mon travail. Si je ne le fais pas, quelque
autre le fera. Je n'en retire aucun profit; je préfé-
rerais moi-même faire un ouvrage vraiment utile.
*Mais je n'en suis pas responsable ; la responsabilité en
incombe à l'employeur qui m'ordonne de faire ce que je
fais.* »

Mon opinion est qu'aussi longtemps que cette
excuse, ce faux-fuyant, excuse de mercenaire, *sera
admise et généralement acceptée*, les choses pourront
continuer à rester telles qu'elles sont aujourd'hui,
et qu'un avenir plus large n'arrivera jamais. Les capitalistes, d'accord avec cette manière de voir, seront toujours en mesure de payer une moitié des
travailleurs pour contenir l'autre moitié. Ils conti-
nueront, en outre, à maintenir le gros des travailleurs dans un état de dégradation physique et intel-
lectuelle, abattus, vides d'énergie, ignorant jusqu'à
la plupart des joies infinies de la vie, grâce à leur
milieu morne et déprimant et à l'insuffisance de
leur nourriture qui anémie leurs corps et leurs cer-
veaux. Et le travail manuel, le travail pratique qui
engendre un tel état de choses, est fait par les
travailleurs eux-mêmes, lesquels, d'ailleurs, en
souffrent personnellement aussi bien que les autres.

Le meurtre direct, celui qui est commis par les soldats qui fusillent des grévistes, et le meurtre indirect par la production de ces horribles habitations, par la nourriture, etc., opéré par les travailleurs sur leurs propres camarades, voilà deux actions également préjudiciables par leurs conséquences, qu'il faut reconnaître comme telles avant de songer à obtenir quelque amélioration.

C'est ce que j'appelle la responsabilité des travailleurs eu égard à leur travail. Et je vais plus loin, en disant que l'absence de ce sentiment de responsabilité dégrade ces travailleurs eux-mêmes, aussi bien que leurs victimes. Nul ne niera que les policiers et les soldats sont dégradés et abrutis par l'exercice continuel de cette chasse à l'homme qui constitue leur profession, de la traîtrise et du meurtre à première vue. Je n'hésite pas à dire qu'il en est de même pour les travailleurs qui exercent des métiers ou des industries basées sur la fraude. Prenez, par exemple, le plombier qui fait croire continuellement au client qu'il répare les conduits et égouts et qui n'en fait rien, ou bien l'employé de magasin qui passe sa journée à faire acheter par les clients ce dont ils n'ont pas besoin, mais dont le patron désire être débarrassé en premier lieu parce que c'est là ce qui lui procure un plus grand bénéfice ou parce qu'il ne veut pas le garder plus longtemps. Je ne pense pas que le caractère de ces hommes — quelque honnêtes et loyaux travailleurs qu'ils puissent être au début — s'améliore à la longue ; il y a plus de probabilité de les voir devenir insensibles et indifférents, que libres et enthousiastes. De même, la multitude des producteurs de marchandises inférieures ou médiocres ne peuvent certainement pas prendre un intérêt à leur travail. Mais nul ne peut vivre sans s'intéresser à son travail, sinon ses facultés s'engourdissent, son intelligence se rétrécit et lui-même, à la fois, devient impropre à saisir les idées de liberté et de révolte, encore moins à les mettre en pratique. Comparez ces hommes avec ceux que dépeint William Morris dans *The Revival of Handicraft* (1), *News from Nowhere* (2), etc., et vous saisirez clairement ce que je veux dire.

Chacun, donc, est destiné à être victime de cet état de choses, comme les auteurs d'actes antisociaux ne manquent pas d'en souffrir eux-mêmes en retour. Tous les travailleursh aïssent les espions et les délateurs; la plupart d'entre eux détestent les faux frères (blacklegs); à moins que ce sentiment ne s'étende à *quiconque se livre à un travail antisocial, travail préjudiciable à ses semblables,* je n'ai aucun espoir dans l'avenir.

Tel est le second point préliminaire, et me voici enfin arrivé au sujet principal que je traiterai plus brièvement, maintenant que le fond en a été éclairé par ces remarques.

*
* *

Il me fallait trouver un moyen d'action qui pût amener la grande masse du peuple à la conception et à l'acceptation d'une réelle et sérieuse combinaison des sentiments inséparables de dignité, de liberté et de solidarité humaines.

Un tel moyen peut, je crois, donner un résultat, *si les deux éléments dont je viens de parler sont convenablement combinés et utilisés,* savoir : *la nécessité de donner au public* (à la masse des travailleurs) *un intérêt économique aux grèves, aussi bien qu'aux grévistes eux-mêmes, — et la nécessité pour les travailleurs du sentiment de leur responsabilité relativement à leur travail,* les incitant à s'efforcer de mettre un terme au préjudice qu'un travail antisocial porte à leurs semblables.

Un tel moyen donnerait une impulsion aux sentiments de respect de soi-même et de solidarité, et amènerait, par conséquent, la grande masse sur le chemin de la liberté, la rendant plus accessible à une propagande plus avancée, car les enseignements

---

(1) Réhabilitation du métier manuel (1888).
(2) Nouvelles de nulle part (utopie communiste libertaire, 1890).

de la propagande ne seraient pas désormais contre-
dits par leur propre existence et par la nôtre au
point où ils le sont aujourd'hui.

Les grandes lignes de ce plan d'action sont, à mon
avis, en ce qui concerne les travailleurs : de refuser
de faire un travail préjudiciable au public, puis de
fortifier leur position en faisant connaitre à ce dernier comment il est trompé et volé ; en ce qui concerne le public : de soutenir de tels mouvements,
des grèves basées sur de tels motifs, par une sympathie active et par le boycottage. Ces grèves peuvent se terminer par la victoire des grévistes et du
public, cette fois réellement aux frais du capitaliste,
réduisant le taux de son bénéfice. Elles ne peuvent
pas détruire les racines du système présent, car aucune grève ne le pourra, à moins d'être produite
par un refus déterminé de travailler pour autrui,
auquel cas ce serait la grève générale, la révolution
sociale ; mais elles peuvent établir un lien plus étroit
et plus général entre les classes travailleuses ; les
grèves perdraient leur caractère individuel et de-
viendraient des événements d'intérêt *collectif,* ce
qu'elles ne sont, aujourd'hui, que par le sentiment
et la conviction personnelle de quelques-uns et non
par leur base économique.

Dans la pratique, ces tactiques peuvent naturellement revêtir des formes multiples. Elles devraient
d'abord agir et se porter sur la conscience des trade-
unionistes et des socialistes ; cela fait, les efforts pra-
tiques ne manqueront pas.

Si, par exemple, les corporations organisées du
bâtiment décidaient qu'aucun membre de l'union ne
toucherait aux bouges — en n'aidant jamais soit à
les élever, soit à les réparer — et faisaient connaître
en même temps au public l'impossibilité de les
assainir par de tels replâtrages, la question du logement prendrait aux yeux du public une importance autrement grande que celle qu'ont pu lui
donner jusqu'ici tous les comités, les meetings, les
campagnes de presse, etc. Rien d'étonnant à ce
que le peuple soit resté indifférent à toute cette

agitation, en voyant qu'en réalité tout marche comme auparavant; tels voient leurs propres amis ou voisins, travailleurs du bâtiment, perpétuer la misère du logis par leurs ridicules réparations, tandis qu'eux-mêmes, peut-être, employés de magasin, paient de retour, en vendant à boire et à manger des marchandises empoisonnées, aux maçons, aux laboureurs, etc. Celui-ci égorge celui-là, pendant que le capitaliste tire les ficelles. Si l'état d'une maison est enfin *condamné*, ce n'est jamais par ceux qui l'habitent et *n'ont qu'à l'abandonner*, ni par les travailleurs qui la réparent et *n'ont aussi qu'à la laisser*, mais par les *autorités* chargées de la salubrité qui agissent en solidarité avec les classes riches et les protègent contre l'infection par des foyers de maladie ! L'initiative et le respect de soi-même sont peu connus parmi les victimes de ce système; aucun effort ne devrait être épargné pour les créer et le sentiment de la responsabilité est un des moyens à employer dans ce but.

Si les corporations du bâtiment de Londres prenaient la résolution de ne pas toucher aux immenses étendues de masures de l'est et du sud de Londres, d'un coup, la question non seulement du logement, mais aussi celle du landlordisme passerait en première ligne. Le public répondrait par le cri : *Plus de loyer !* et les employés de magasins pourraient fournir leur aide en se retirant, refusant de toucher aux aliments abominables qu'ils nous vendent aujourd'hui. Cela pourrait donner lieu à quelques habitants de l'East-End d'inspecter les aménagements des habitations dans le West-End ou d'étudier les approvisionnements dans les docks. Dans tous les cas, il y aurait quelque chance d'arriver à être débarrassé des pires laideurs de l'East-End, — ce qui est quelque chose — et la grande quantité d'ouvrage neuf et propre que les ouvriers du bâtiment auraient à faire dans de meilleures conditions, les dédommagerait des sacrifices imposés par une telle grève.

Que les industries textiles révèlent la confection

des vêtements défectueux et refusent de les produire plus longtemps. Même les branches moins
nombreuses dont l'occupation consiste à donner à
ces marchandises un aspect brillant, uni et durable,
pourraient faire quelque chose pour renseigner le
public et donner le branle.

De même, comme relativement aux *travaux chi-
miques*, tels que l'infernal travail du blanc de céruse
ou tel autre analogue, où le *travail lui-même*, et non
le produit, ruine la santé, aucune commisération,
aucune pitié ni aucune législation ne semble être
effective ; afin de faire déserter ces emplois, il
faudrait couvrir de honte ceux qui permettent qu'on
les tue ainsi, en les mettant au-dessous des « blacklegs », comme ils le sont en réalité ; car ils font
marcher ces métiers et, aussi longtemps qu'ils le
feront, de nouvelles victimes — ignorant quelquefois
au début quel travail elles entreprennent — sont
appelées de jour en jour à remplir les rangs éclaircis
par la chute des inévitables victimes qui les précè-
dent.

Ou bien, les *employés de commerce* ne pourraient-
ils faire triompher plusieurs de leurs revendica-
tions immédiates, s'ils prenaient la ferme résolution de considérer comme *déshonorant* de mentir au
public, ainsi qu'ils le font aujourd'hui, pour réaliser
des ventes plus considérables et maintenir ou amé-
liorer par ce fait leur situation ? Le public se met-
trait naturellement de leur côté en boycottant les
commerçants obstinés qui seraient laissés là avec
discrédit de leur marchandise inférieure. Il est
réellement difficile pour le public en général d'é-
prouver de la sympathie pour ces classes de travailleurs tels qu'ils sont aujourd'hui : nous pouvons
nous affliger de la longueur de leur journée de travail et supporter de bonne grâce les inconvénients
que nous cause parfois un magasin fermé de
bonne heure, mais nous savons que notre sympathie
n'empêchera pas les vendeurs de nous vendre de la
nourriture passée pour de la fraîche, si le commer-
çant l'attend d'eux.

En résumé, comme *consommateurs*, nous ne pouvons éprouver de sympathie pour les instruments du capitalisme, et, comme les grandes masses sont de part et d'autre formées de *travailleurs*, la division et l'hostilité persistent entre eux, et une seule action pratique, la *solidarité mutuelle*, peut vaincre cette hostilité ; les convictions et le sentiment sont aussi de bons facteurs, mais ne conviennent pas à tous les cas.

Ces exemples, quelque bien ou mal choisis qu'ils soient, éclairent, je le crois, jusqu'à un certain point ma pensée qui, d'ailleurs, ne dépend pas de la valeur de ces exemples. Je me rends un compte exact de la difficulté de donner un élan dans cette direction, et je propose que l'on discute le sujet de la Responsabilité en premier lieu. Une fois qu'un principe est compris et accepté par un certain nombre, des hommes se présentent, sans appel, sans préparation, sans organisation, pour *agir conformément à lui*. Un mouvement peut partir du plus petit atelier par le fait de travailleurs posant là leurs outils et refusant de faire plus longtemps leur travail médiocre et antisocial ; ou bien il peut être inauguré par la voie orthodoxe de résolutions de congrès, etc. L'idée n'est après tout qu'un petit échelon vers l'altruisme : si un homme qui aide à l'avilissement des salaires, etc., de ses camarades est méprisé comme faux frère en raison de son acte antisocial *dans cette question*, que ce mépris s'étende à *tout ouvrage antisocial* ; et si les travailleurs particuliers ne savent voir ce principe, que le public le voie et agisse conformément à lui.

Tout cela peut paraître dur et sans cœur, mais je ne vois que deux alternatives : ou bien être purement *sentimental*, fermer les yeux à la raison, s'apitoyer sur chacun, excuser chaque chose et l'on arrivera à pleurer sur le sort du soldat tué et blessé ou du policier mis à mal dans *l'accomplissement de son devoir*. Ou bien, être *logique* — et alors vous ne pouvez trouver d'excuse à tout cela, sauf celle de la non-préparation de l'opinion publique à ce sujet;

et votre premier acte sera de vous efforcer d'éveiller l'opinion publique sur cette question. En ignorant ou en déniant le principe de la responsabilité, on suit simplement la voie fallacieuse ou bien de la fausse perception ou de la lâcheté, mettant sur le compte d'autrui ce que nous esquivons nous-mêmes, ou bien du pur sentimentalisme, au lieu d'accepter à la fin une vérité désagréable. Je dis désagréable, parce qu'elle accroît le travail à faire avant d'obtenir un réel changement — mais, ainsi que je l'ai déjà dit, si le peuple demeure tel qu'il est, aucun changement ne se produira jamais.

Il résulte clairement de ce qui précède, que ma suggestion est double : éveiller le sentiment de la responsabilité et l'utiliser pour les grèves, je dirai collectives, dans l'intérêt public, ainsi que je l'ai décrit. Si ce second point est jugé impraticable, le premier n'en subsiste pas moins et un autre moyen doit être trouvé pour créer et utiliser ce sentiment si important. Je sens fortement qu'il est indigne d'un homme de faire à ses semblables tout le tort que le capitaliste lui ordonne de leur faire, en croyant le justifier par cette ombre d'excuse : *je ne suis qu'un instrument.* Cela peut suffire à ceux qui acceptent le présent système et sont satisfaits d'être les instruments des capitalistes et de détruire la liberté de leurs semblables. Mais ceux qui accomplissent de tels actes antisociaux et qui réprouvent le présent système, sont, inconsciemment, des lâches qui ne le renverseront jamais. *Je demande des hommes qui sachent d'abord affranchir leur esprit, puis qui refusent de faire un ouvrage qui perpétue la misère et l'esclavage de leurs semblables et ainsi créent un large courant de sympathie et de solidarité, propre base d'une action plus accentuée.*

Ce genre d'action économique me semble celui qui est le plus à la portée d'un homme qui se sent libre et qui trouve la base de sa liberté dans la liberté et le bien-être d'autrui. S'il ne peut, par son refus de travailler pour le capitaliste, renverser le présent système, il s'efforcera en quelque sorte de

ne pas travailler au détriment de ses semblables,
guidé par le respect de soi, sans s'inquiéter de savoir si la solidarité de ces derniers répondra ou
non aussitôt à la sienne. Telle est la méthode anarchiste : faire soi-même ce que l'on voudrait voir faire.

La vieille méthode politique et autoritaire consiste à s'en laver les mains en proclamant que ces
choses sont inévitables, et par conséquent en les perpétuant et à se fier que d'autres feront pour nous
ce que nous-mêmes nous *ne voulons* ou *ne pouvons*
faire (termes que l'on prend trop souvent l'un pour
l'autre). Nous qui n'acceptons pas ce principe fondamental en politique, nous devrions le rejeter en matière sociale dans la plus large mesure, et par suite
accentuer la responsabilité de chacun relativement
à ce qu'il fait.

J'ajouterai seulement, qu'en discutant le présent
sujet, le terme *moralité* ne devra pas être introduit
dans un sens qui laisse croire que j'exhorte les travailleurs à devenir plus *moraux*. Je n'ai pas employé ce
mot dans ce sens, et il prête aux malentendus. Je
demande qu'ils arrivent avant tout au respect de soi,
à la conscience de leur dignité et de leur liberté ;
et alors leur propre conscience leur dira de *refuser
de faire des actes antisociaux dans le sens le plus
large*, comme ils refusent de se faire délateurs ou
« blacklegs ». Il est parfait de dire : renversons
d'abord le système capitaliste et ensuite nous acquerrons ces qualités ; mais qui se chargera de renverser
ce système, nous devons le demander, puisque le
dogme de Marx, d'après lequel les capitalistes doivent se détruire mutuellement jusqu'au dernier, ne
nous rassure plus comme il l'a fait si longtemps à
l'égard des social-démocrates ?

Pour conclure, je répète que je ne désire nullement amoindrir l'importance d'aucune méthode
actuelle de propagande, mais je serais heureux de
voir discuter la présente méthode, particulièrement
quand des anarchistes se trouvent réunis avec des
trades-unionistes. Une extension de l'action des

trade-unions allant des questions purement corporatives à un effort pour l'émancipation de tous pourrait avoir une issue décisive et gagnerait les sympathies de tous ceux qui se sentent libres et désirent aussi bien affranchir les autres.

J'aimerais aussi voir faire part des efforts préalables tentés dans la même direction.

COLLECTION DE LITHOGRAPHIES

Capitalisme, par Comin'Ache. — **Education chrétienne,** par Roubille. — **La Débâcle,** dessin de Vallotton, gravé par Berger. — **Le dernier gîte du trimardeur,** par Daumont. — **L'Assassiné,** par C. L. — **Souteneurs sociaux,** par Delannoy. — **Les Défricheurs,** par Agard. — **Les Bienheureux,** par Heidbrinck. — **La Jeune Proie,** par Lochard. — **Le Missionnaire,** par Willaume. — **Frontispice,** par Roubille. — **L'homme mourant,** par L. Pissaro. — **Sa Majesté la Famine,** par Luce. — **La vérité au Conseil de Guerre,** par Luce. — **Provocation,** par Lebasque. — **Ceux qui mangent le pain noir,** par Lebasque. — L'édition ordinaire, **2 francs.**

Il ne reste plus qu'en nombre restreint : **L'Incendiaire,** par Luce. — **Porteuses de bois,** par C. Pissaro. — **L'Errant,** par X. **Le Démolisseur,** par Signac, **L'Aurore,** par Willaume. — **Les Sans-Gîte** par C. Pissaro. — **On ne marche pas sur l'herbe,** par Hermann-Paul. — **Mineurs Belges,** par Constantin Meunier **Ah ! les sales Corbeaux,** par J. Hénault. — **La Guerre,** par Maurin. — **Epouvantails,** par Chevalier. — **La Libératrice,** par Steinlein. — L'édition ordinaire, **3 francs ;** Pour les éditions d'amateur, s'informer au préalable, quelques-unes sont épuisées.

Aux petits oiseaux, de Willette, **10 fr.**

Reproduction des **Errants,** de Rysselberghe, édition ordinaire, **1 fr. 25 ;** sur japon, **3 fr. 50.**

Contre Biribi, album de 9 dessins de : Delannoy, Grandjouan, Luce, Maurin, Raïeter, Rodo, Signac et Steinlen.

Une Rue de Paris en Mai 71, par Luce, tirée en souscription à 75 exemplaires, dont 15 sur Japon ; 7 fr. ordinaire, 10 fr. sur Japon.

Miséreux, par Naudin, même tirage, même prix.

Il ne reste plus qu'un nombre très limité de collections complètes. Elles sont vendues **75** francs l'édition ordinaire, **150** francs celle d'amateur.

LITHOGRAPHIES EN COULEURS

Les Temps Nouveaux, Willaume, épuisé, une dizaine d'exemplaires à **5 fr. ;** **La Charrue,** Pissaro, édit. ordinaire., **2 fr. ;** d'amateur, **3 fr. 50 ; Drapeau rouge,** Luce, éd. ord., **2 fr. ;** d'amateur, **3 fr. 50 ; La Mère,** Lebasque, édit. ord., **2 fr. ;** d'amateur, **3 fr. 50 ; La Confession,** Hermann-Paul, édit. ord., 2 fr. ; d'amateur, **3 fr. 50.** — Ces lithos ont été tirées pour servir de frontispice aux volumes de notre supplément, mais peuvent s'encadrer. 37-28.

Repaire de Malfaiteurs, par Willaume, tirage ordinaire, **2 fr. ;** tirage d'amateur, **5 fr.** Il en reste très peu des deux.

LES " TEMPS NOUVEAUX " Paraissant tous les 8 jours, avec un Supplément littéraire.
10 cent. *le numéro.* — *Administration :* 4, rue Broca.
ABONNEMENT France, un An, 6 fr. — Extérieur, 8 fr.

EN VENTE AUX " TEMPS NOUVEAUX "

Aux Jeunes Gens, par KROPOTKINE, couverture de ROUBILLE	» 15
L'Education libertaire, D. NEUWENHUIS, couverture de HERMANN-PAUL	» 15
Enseignement bourgeois et Enseignement libertaire, par J. GRAVE, couverture de CROSS	» 15
Le Machinisme par J. GRAVE, avec couverture de LUCE	» 15
Les Temps Nouveaux, KROPOTKINE, avec couverture de C. PISSARO (épuisé)	» 30
Pages d'histoire socialiste, par W. TCHERKESOFF	» 30
La Panacée-Révolution, par J. GRAVE, avec couverture de MABEL	» 15
A mon Frère le Paysan, par E. RECLUS, couverture de RAIETER	» 15
La Morale anarchiste, par KROPOTKINE, couverture de RYSSELBERGHE	» 15
Déclarations, D'ETIÉVANT, couverture de JEHANNET	» 15
Rapports au Congrès antiparlementaire couverture de C. DISSY	» 85
La Colonisation, par J. GRAVE, couverture de COUTURIER	» 15
Entre Paysans, par E. MALATESTA, couverture de WILLAUME	» 15
Le Militarisme, par D. NIEUWENHUIS, couv. de COMIN'ACHE (en réimpression)	» 15
Patrie, Guerre et Caserne, par CH. ALBERT, couverture d'AGARD. id.	» 15
L'Organisation de la Vindicte appelée Justice, par KROPOTKINE, couv. de J. HÉNAULT	» 15
L'Anarchie et l'Eglise, par E. RECLUS, et GUYOU couverture de DAUMONT	» 15
La Grève des Electeurs, par MIRBEAU, couverture de ROUBILLE	» 15
Organisation, Initiative, Cohésion, J. GRAVE, couverture de SIGNAC	» 15
Le Tréteau électoral, piècette en vers, par LÉONARD, couv. de HEIDBRINCK	» 15
L'Election du Maire, piècette en vers, par LÉONARD, couv. de VALLOTON	» 15
La Mano-Negra, couverture de LUCE	» 15
La Responsabilité et la Solidarité dans la lutte ouvrière, par NETTLAU, couverture de DELANNOY	» 15
Anarchie-Communisme, KROPOTKINE, couverture de LOCHARD	» 15
Si j'avais à parler aux Electeurs, par J. GRAVE, couvert. de HEIDBRINCK	» 10
La Mano-Negra et l'Opinion française, couverture de HÉNAULT	» 10
La Mano-Negra, dessins de HERMANN-PAUL	» 40
Entretien d'un Philosophe avec la Maréchale, par DIDEROT, couverture de GRANDJOUAN	» 15
L'Etat, son rôle historique, par KROPOTKINE, couverture de STEINLEN	» 25
Militarisme, par FISCHER	» 20
La Femme Esclave, par CHAUGHI, couverture de HERMANN-PAUL	» 15
L'Entente pour l'Action, par J. GRAVE, couverture de RAIETER	» 15
Vers la Russie libre, par BULLARD, couverture de GRANDJOUAN	» 45
Le Syndicalisme dans l'Evolution sociale, J. GRAVE, couvert. de NAUDIN	» 15
Les Habitations qui tuent, par Michel PETIT, couv. de Frédéric JACQUES	» 15
Le Salariat, par P. KROPOTKINE, couverture de KUPKA	» 15
Evolution-Révolution, par E. RECLUS, couverture de STEINLEN	» 15
Les Incendiaires, par VERMERSCH couverture de HERMANN-PAUL	» 15
La Vérité sur l'Affaire Ferrer, par Auguste BERTRAND, couv. de LUCE	» 10
Comment l'Etat enseigne la Morale	2 »
Le Coin des Enfants, 2ᵉ, 3ᵉ série chaque	2 »
Terre Libre, J. GRAVE	3 »
Patriotisme colonisation, illustré	6 »
Guerre, Militarisme, illustré	6 »
Les Prisons, par KROPOTKINE, Couverture de DAUMONT	» 15
L'Esprit de Révolte, Couverture de DELANNOY	» 15
L'Anarchie, de MALATESTA	» 20
L'Enfer Militaire, par A. GIRARD, couverture de LUCE	» 20
Aux Femmes, par GOHIER, couverture de LUCE	
Sur l'Individualiste, par PIERROT, couverture de MAURIN	

Sous presse :
Le Nourrisson, par Michel PETIT.